El texto de esta obra ha recibido una ayuda a su creación del Ministerio de Cultura y Deporte a través de la Dirección General del Libro y Fomento de la Lectura.

Primera edición febrero de 2024
Segunda impresión de junio de 2024

ISBN: 978-84-127053-9-3
Núm. DL: VA 920-2023
Impreso en España – Printed in Spain
Impreso en Estugraf

LEVITACIÓN Y TRANCE

Roberto R. Antúnez

editorial
PÁRAMO
✳
l í r i c a

LEVITACIÓN Y TRANCE
Roberto R. Antúnez

"El invierno es una circunferencia."

Jorge Oteiza

(No)Prólogo

Este libro no tiene prólogo. No quiere ser explicado o no necesita de la comprensión de nadie. Este libro sangra y llora y se contradice a cada palabra. Este libro se queda en el centro de la noche, entre los animales salvajes y el ruido antiguo de las estrellas, lejos del fuego que se desnuda sereno y reposado en las chimeneas de vuestras casas. La llanura no cabe en este libro y por ello tal vez todo esto no sea más que una derrota hermosa y brillante. ¿Pero por qué no iba a intentar escribirla? La llanura es parte de mi vida. Es una profunda contradicción que brota de mi cabeza y que siempre termina en el invierno. Es mi paisaje visual agujereado y libre de tensión estética. Mis dedos que escarban y escarban para solidificarse en filamento y raíz. Me vacío las pupilas para volver a respirar.

Alguien ha lanzado una piedra que viene a configurar mi brecha. Un dolor rojo y neolítico que aspira a un éxtasis pequeñito. He leído a Jorge Oteiza y me ha enseñado a no soliviantar el vacío. A cuidar su silencio, a acariciarlo y, sobre todo, a nunca tratar de domesticarlo. He desenterrado los márgenes del holograma del que hablaba

David Bohm y que tanto se asemejan con esta llanura. Holograma y el consuelo de lo que no tiene fin. El universo es una realidad multidimensional. Quién odie o quién ame o sienta indiferencia por este libro son parte de la misma cosa. El invierno y el trance albergan la totalidad igual que las alas tornasoladas de una mosca.

Este libro no tendrá epílogo. No quiere flores ni epitafios. Solo ansía expandirse, crecer exponencial por entre la concavidad de estos campos geométricos. Este libro no está basado en hechos reales. Cualquier parecido con la realidad es pura ficción. Es un grito y un gemido. Ama el desbordamiento y la crecida. La velocidad de la luz. Este libro está escrito únicamente para confluir en ese verso de Mario Santiago Papasquiaro que resume dos mil años de poesía: "Dios es rupestre & el Big-Bang su bisonte desatado".

LEVITACIÓN Y TRANCE

(DÍAS DEL HOLOGRAMA)

La llanura es una herida del paisaje.

La llanura es desplegarse las pupilas y vaciar(se) en el recipiente rojo del dolor.

La llanura es una totalidad no fragmentada llena de pájaros.

La llanura es un espejo donde se refleja la galaxia cuando era niña.

La llanura es un laberinto humilde donde cada noche el Minotauro contempla aterrado la trayectoria nerviosa de los drones.

#13

La llanura es un desierto policromado.

La llanura es una infinita pintura rupestre a cielo abierto en la que dios-madre no ha tenido nada que ver.

La llanura es el lugar donde confluye el rozamiento de los inviernos con el tiempo.

La llanura es una circunferencia de excentricidad nula que en estas páginas desoirá las leyes de la geometría.

Vengo a tratar de explicarme.

Las manos han sido pensadas para cavar un agujero dentro del laberinto. Hay dos soluciones opuestas para trascender sus muros en un viaje ilimitado.

En Oriente plantean ir hacia el centro del laberinto, donde nada permanece. Ahondarse en el vacío seminal y desaparecer.

Jorge Oteiza reformula la teoría de un camino inverso. Correr hacia afuera, buscando las paredes últimas y trascenderlas. Desaprender a Teseo. En la periferia del laberinto está la forma de contrarrestar la angustia, decía el padre de todos los centauros.

He dudado todo este tiempo qué camino tomar. Me he cuestionado el laberinto en sí. He cartografiado los márgenes que desembocan en la piel esquiva de esta lejanía. Mis ojos se han acostumbrado a la oscuridad y he pensado en la calcita viajando antigravitacional bajo la piel húmeda de la tierra y, de tanto cavar y cavar, han comenzado a dolerme las manos. Me he sentido atosigado por el respirar caliente del perro metafórico y sus erupciones en el paisaje del dolor. Era el miedo a que cuando llegase el momento, hubiese olvidado la forma de plegar mi cuerpo gastado por el tiempo en los huecos innumerables de la totalidad. Tenía pánico de no encontrar cobijo en este desierto luminoso que crece entre *"los pinchos de las estrellas"*.[1]

Y ese laberinto se despliega furioso en esta llanura conceptual.

Ha sido un invierno difícil. La nieve ha caído desprovista y agresiva sobre el laberinto. Hibernación e invierno comparten la etimología de lo que se encierra en sí mismo, y se sobrepone al desarraigo, soñando entre las sombras densas de la madriguera con los mecanismos que sostienen los días azules del verano. El invierno es un desierto expansivo, sustancia primera de la lluvia y equivalencia última del diluvio.

Y este invierno solo tenía un final posible:
La llanura. Me duele su laberinto policromado al que han ido desmantelando sus muros y sus jardines inhóspitos. Su centro sueña

[1] verso de Vladimir Maiakovski

con la periferia y nadie grita a tres centímetros de la piedra estática. Nadie araña el alabastro perforado por la luz. Nadie comprende los planos de la demolición. La pupila se despliega para vaciarse de moscas con la esperanza de volverse a llenar de mariposas y así sucesivamente, ante la indiferencia salvaje de los campos magnéticos.

.

.

.

Vengo a que me expliquéis el árbol genealógico de vuestro miedo.

DEMOLICIONES. OTRAS FORMAS DE MIRAR

"No nos interesan los períodos de la historia artística de la declinación, y aún menos en sus espectaculares momentos. Nos interesan las horas matrices, no los siglos de oro, sino los de hierro, los siglos de piedra como estos."

Jorge Oteiza

Al principio mires donde mires todo en esta llanura parece igual. Y eso es un comienzo honesto y aterrador.

El silogismo está roto.
El alud
que se desplaza cíclico
desde la premisa mayor
a la premisa menor
traerá consecuencias en el derribo incontrolado del paisaje. Desde el principio hemos levantado y derribado el laberinto, una y otra vez, y hemos respirado el polvo de esa demolición durante demasiado tiempo. No sabemos si estamos dentro o estamos fuera.

Mirar y no ver nada. La pupila se ha acostumbrado a los encuadres inconstantes. No consigo enfocar mis ojos en este único plano cartesiano que se derrama sucio por la piel invisible del holograma. Las imágenes se han desacralizado en el vértigo que nos tiraniza. No hay un mirar telúrico que se ralentiza con el intervalo de un parpadeo y el siguiente, no hay indicios de que el que observa, acabe convirtiéndose alguna vez en lo observado.

Hace demasiado tiempo que miro y no respiro simultáneo. Exhalo y la niebla anega los huecos de mi piel y no me mira para no tener que llorarme. Llorar es el verbo menos fragmentado que existe. La primera lágrima y la última son piezas líquidas del mismo diluvio. Lo que lloro es espacio-tiempo que va curvándose sobre la matriz de la llanura, donde yace embalsamado Odiseo, mártir de todos los éxodos que desembocan transitivos en el lenguaje. Llorar es lo más honesto que podemos ofrecer a esta llanura que nunca hace gestos de dolor ni aspavientos. Llorar desde el convencimiento de que en la austeridad se escribe metódico el secreto.

El punto de fuga *es un punto impropio, situado en el infinito.* Es mi punto de partida en este viaje visual. Es el punto ciego que acabará obturándose en un "hacia afuera" y vendrá la ruptura. En estos campos la circunferencia domestica las rectas y las hace converger en un mundo plegado en otros mundos. Un bosque de coníferas que cede en su beligerancia y se encorva sobre el suelo con un simple chasquear de dedos. Y nace la llanura.

Voy a abandonar la vieja cronología de una imagen que precede a otra para mirar la totalidad. Voy a borrarme de los ojos la obediencia. Quiero un mirar ajeno a las antiguas servidumbres de tapias negras e infranqueables y recuperar la soberanía de mi campo visual durante un instante; después enterrarlo sin ceremonias en un hoyo modesto bajo la tierra negra del holograma. No habrá un responso para la ortodoxia.

Cuando miras estás solo. Es un acto de soledad extrema donde la retórica no sirve para alimentar la voracidad de la pupila. La llanura es la madre que a veces no se deja mirar desnuda. Miro dentro de ella y de mí, miro al cielo pero la lluvia se resiste a caer. Voy a caminar la circunferencia por ese sendero radical y solitario, y dando una vuelta completa acabaré llegando a ese lugar recóndito donde están los otros. Voy a pedirles perdón por la forma tan salvaje de conjugar el verbo "incomunicar". *"Mirar bien. Es una forma de educar el ojo. Mirar bien, curiosear, escuchar atentamente. Muere sabiendo algo. No estarás aquí mucho tiempo".* No me olvido de estas palabras de Walker Evans. En los granjeros que retrató, en una botella de cocacola vacía sobre la tumba diminuta de un niño, en la butaca de una barbería de Atlanta o de Carolina del Sur. Imágenes siamesas que arañan la piel invisible de lo que ansía ser mirado, los códigos visuales que nos cambiarán la vida. Me siento obligado a tratar de comprender. Por lo menos intentarlo. Me acompañan sus palabras y una herida limpia de la que brota luz coagulada en mitad de cada ojo y que nunca termina de suturar.

Si mirar implica soledad, en esta meseta caminada se acentúa la paradoja y el concepto "de ninguna parte". La llanura está llena de ojos. Es Argos que duerme un sueño poliédrico sin fin. Esos ojos se repiten a intervalos por toda esta tierra labrada. Son esas fotos de Lee Friedlander en Nashville: habitaciones en penumbra donde siempre hay un televisor pequeño y dentro uno o varios rostros mirando al que observa. De esos televisores brotan unas largas antenas. Insectos que radiografían la muerte cerebral de su crisálida. Es un puñado de miradas que se fagocitan las unas a las otras y de los contornos cuelga una angustia carnívora. La pupila doblemente sola resalta la energía de los espacios vacíos. Eso pasa con esta totalidad policromada. Ella me observa antes de que yo la observe. Y de ese cruce de miradas que es una suma de soledades, se yergue vectorial el holograma. Por eso esta ausencia perenne y ese olor a periferia que desprende este paisaje y del que es imposible olvidarse. He dado la vuelta a mis ojos. Brillan trémulos y sanguíneos bajo un cielo incólume y he soplado con todas mis fuerzas la película de mugre que los rodea. El vacío me sostiene y me acaricia, me da la bienvenida a todos los precipicios.

Necesito dejar atrás la demolición.

Y sollozan los pájaros porque el horizonte ha sido mordido por el gigante de los cien ojos que se golpea una y otra vez el corazón contra la última pared del laberinto de esta submeseta norte.

Las manos quitando la tierra y las piedras, las larvas y lo vertical arborescente. Hago recuento de mis heridas. Y sigo construyendo o demoliendo el laberinto según reverbere mi resuello por entre este frío de cuchillos blancos.

Vaciarse la pupila. Dejar atrás la penumbra de la cueva y salir a la luz a contemplar ese rectángulo negro erigido en el ojo vacío de un primate que dice ser mi hermano. Después de limpiar la mirada, la aceptación. Jugar con lo conceptual tiene sus riesgos: el paisaje se prenderá fuego a sí mismo por no poder soportar la verdad que lleva implícita y ante eso conviene estar preparado, pero sobre todo no intervenir, quedarse de brazos cruzados, viendo cómo todo se desmorona alrededor.

Quiero ahondar en lo prosaico. Unos pocos gestos dieron sentido a mi invierno. Coger el tren, preparar los libros y la música que llevar, descongelar el salmón que anhelaba la corriente furiosa del río definitivo y temblaba en lo más hondo de la nevera. Esperar en el andén mientras el invierno iba desentumeciendo los automatismos crueles del frío. El tren me dejaba a la misma hora en la estación cada viernes. Tres o cuatro pasajeros bajábamos. Era idéntica la forma de deslizarnos por entre la niebla, una mezcla de levitación y el girar rudimentario de una piedra sola, alejada del sudor frío de Sísifo. La misma dentellada y la misma sangre, pero siempre una forma distinta de licantropía.

Casi siempre llegaba de noche. Sin tiempo para otra cosa que salir a caminar la llanura. Así ha sido durante todo el invierno. La soledad se acentúa cuando el lugar es un espacio sagrado. Se agigantan las distancias y cada vez más lejos se oye chapotear al "ego" que se va quedando sin fuerzas, más lejos de la orilla. Apenas unos brazos metafóricos que piden ayuda y acaban hundiéndose. Me he hecho muy pequeño caminando estos campos recostados sobre la ingravidez del horizonte. Una verdadera cura de humildad que ha cambiado mi forma de ver el mundo.

Recuerdo que al principio renegaba de la frialdad gestual de la llanura, esa aparente ausencia de lenguajes que desembocaba en un "no decir". No podía comprender que no sucediese nada. Me volvía loco, no tenía nada que escribir. No había diálogo y eso me desesperaba. No encontraba la grieta por ninguna parte. Pasaban las semanas y en los márgenes sucios de la concisión escribía:

Mi resuello nunca miente.

El vórtice de luz. Busco el rostro perdido que no devuelven los espejos.

Venid vestidos de domingo hacia la niebla. Al otro lado hay una fiesta de carruseles vacíos.

Se va construyendo mi mirada mientras la ruptura crece subterránea.

No todos los días (se) suceden.

La lentitud y el amor son actos revolucionarios. Necesito ahondarme en su inercia.

Un géiser y su alarido sobrenatural. Pedir auxilio cuando la noche acaricie a los tullidos de una guerra futura.

Me siento aborigen en la soledad única del holograma, del desierto que no fue.

Pero esa concisión se me escapaba de entre las manos. En mi cuaderno, un par de párrafos me llevaban dos o tres días. Y además esas frases no encajaban las unas con las otras. Eran los desperdicios negros que alteraban la armonía cromática de la nieve. No era capaz de comprender nada de lo que caminaba pero, aún así, algo estaba rompiéndose dentro de mi. La grieta y su ruptura estaban más cerca de lo que yo pensaba. Alguien que no era yo construía andamios alrededor del poema para elevarse por encima de él y llorarlo desde otra perspectiva. La angustia daba paso al alivio. Habían terminado las noches de hierro. Caminar la llanura comenzó a suponer una extraña forma de levitación. Y regresaba del trance extenuado, con pelos de ella en la boca. Ese cansancio leve después de haber lamido la impenetrable indiferencia de un mandala.

Un día entendí que ese silencio lo era todo.

Y llegó la primera y (tal vez) la última iluminación:

.

.

.

.

Paul Goldberger dice que el espacio es jerárquico y secuencial. He comprendido que el predominio de la llanura se va horizontalizando. Se va postrando por decisión propia. El grado ínfimo de la jerarquía hasta llegar al cero absoluto. Ningún elemento del paisaje predomina sobre el resto. El cielo no es más que los campos de trigo, ni la meseta ocre es más que los pinares. Encajan las piezas, eso es todo. Desde hace tiempo camino una totalidad armónica y equilibrada no vertical.
La llanura es la anarquía tranquila del paisaje.

HOLOGRAMA
(segmento 1)

"¿No sería posible cambiar la sintaxis y la forma gramatical del lenguaje para que le dieran el papel principal al verbo en lugar de al nombre? Esto ayudaría a terminar con la fragmentación, pues el verbo describe acciones y movimientos que fluyen unos dentro de otros y se mezclan, sin separaciones tajantes ni rupturas."

David Bohm

No hay discontinuidad porque todo es holograma.

#33

El segmento 1 acaba donde comienza el segmento 2 y de la intersección de ambos cristaliza una novela de ciencia ficción almacenada en un lugar recóndito del córtex cerebral. Ese libro comienza y acaba con la misma frase: **la llanura es una totalidad no fragmentada llena de pájaros.**
Es mi ojo el que fragmenta lo real. No me culpo. Es una estrategia de narración más comprensible y una forma más cómoda de soportar la verdad.

Cuando camino la llanura, los volúmenes y la luz secuencian el paso de las estaciones sobre la piel cómplice de los muertos.

A veces los imagino a ella o a él saliendo en silencio sin aspavientos del cementerio y caminando la llanura después de una ausencia demasiado larga. Van observándolo todo (quitándose la tierra de la ropa), la superposición del negro con el rojo en un baile caleidoscópico de mirlos y amapolas. Los veo sonreír en un día azul que se parece a un comienzo prometedor del mundo. Y por esta primera mañana que cuelga rígida y aérea de la cara norte del poema iremos resbalando todos.

Es más sencillo sobrevivir en un mundo figurativo, por eso esta meseta es tan hermética. Estas líneas rectas ansían la circunferencia y te lo ponen difícil porque no tienes nada a lo que agarrarte. No hay asideros: una cascada o una montaña dormida por el peso implacable de la nieve. Apenas hay árboles para reescribir la desgana hermosa de los pájaros al ejercitar sus alas, ni el trance de un río salvaje que se desmadeja vereda abajo. En este lugar no se frecuenta el concepto de frondosidad. Así que nada de todo esto es fácil.

Necesito intervenir en las palabras. Las apilo contra un árbol solitario y dejo que el sol las abrase por dentro. Voy a utilizar 9.307 palabras. Meto los dedos y escarbo. En algunas, no en todas, hay un santuario de nuevos sonidos. Son culebras que salen de la hierba alta del significante, chillidos, desvaríos, los excrementos de un lenguaje colapsado que lucha por volver justo a ese momento antes de que alguien pronuncie la primera sílaba. Y luego la palabra encadenada para siempre a las siguientes.

Desfiguro la silueta imprecisa del verbo. Y mancha su líquido amniótico, ya lo creo que mancha. El sustantivo y el adjetivo se han contaminado de su infinitud. Ahora es cuando suceden los prodigios.

Coger acariciar

      vierto ella apuntala

circunferenciamos las esquinas de la nada

soliviantar la mirada negra de los incendios

o   descoser y divagar la metafísica del pespunte

agujerear   anegarse y volver a agujerearse

      martillean los goznes de la cuarta dimensión

     aclimatarse al carbono catorce impregnado en la cruz de neón

que ilumina el Gólgota y sin embargo es llanura-holograma

sublevarse erizado

              y

reivindicar el fuego y la soledad de las que yacen indómitas en la noche de piedra

Apenas sé escribir sobre la abstracción. A veces necesito aferrarme a la tierra o al árbol solitario donde recostadas agonizan las palabras y pierdo perspectiva. Necesito volver a la primera persona del singular cuando todo se torna menos figurativo. En lo más hondo del cuadrado blanco de Malevich no hay nada, pero aun así siempre regreso a ese espacio sagrado y me pongo a cavar como un loco, con mis propias manos, con la esperanza de salvar a tres o cuatro caballos negros de la angustia que parpadea pálida bajo la tierra. Les acaricio las crines y los rostros mordidos por el polvo, pero nunca llego a tiempo de salvarlos. Les lloro blanco conceptual mientras descienden las escaleras negras del remolino.

La hormiga y su semilla a cuestas son un campo de guisantes. Ese campo de guisantes también es el cielo perpendicular. Ese trozo de firmamento es una estela convexa de un avión a reacción que lo divide en dos mitades falsas porque el todo está contenido en lo ínfimo. Mi mano es un trigal que acaricia el sexo de ella. Dentro de su sexo la pinto ciervas que devienen en meseta. Y así dios, dicen en las teogonías griegas, se reproduce múltiple por entre los intervalos sucios del holograma.

Se proyecta el holograma sobre el pensamiento-río y que fractal desemboca en un estuario de peces de aluminio. La sombra de una nube pasa por la tierra que panza arriba vomita un reguero de minerales que brillan como espejismos tranquilos del mediodía. No puedo ver lo que pasa ahí abajo pero intuyo que tiene conexión con el fluir, un dejarse arrastrar de mulas extenuadas y campesinos muertos, de todas las cosas viajando hacia la pureza del cero absoluto.

No volveré a mirar el mundo de una forma fragmentada. Mi forma de pensar y de mirar necesita de la ruptura para volver a coserme los párpados al paisaje. Aprieto los dedos contra la materia y puedo sentir como supura traslúcido el holograma. La pulpa caliente de la totalidad. El árbol cambia sus fronteras estéticas. Ahora no termina, continúa bajo la tierra que lo cobija, crece ilimitado hacia el cielo. El árbol es galaxia y cien inviernos geológicos. El árbol es tan humano como una ermitaña, es tan bisonte como la mano que lo pinta en la galería axial de la cueva. Y de esa forma se limpia el paisaje a sí mismo y nos celebra desnudos, sin dioses, construidos con el ruido y la polisemia de una Babel de tapias encaladas.

El trance es la única oportunidad para comprender el holograma.

Breve antología del trance

El trance es un camino de insubordinación. El rechazo a las coordenadas espacio-temporales es el primer paso. No sirven de nada una vez que la cueva neurológica se despliega sonámbula en tu cabeza. Velázquez puso a levitar a sus meninas. Monet pintó nenúfares en lo más hondo de este valle de lágrimas para vengarse de dios. Alejandra Pizarnik intensificó las represalias transcribiendo las grabaciones íntimas de un ángel-hembra atravesada por la menstruación. Emily Dickinson se vistió de blanco y no volvió a traspasar el umbral de su casa para demostrar empíricamente las dimensiones mediocres del infierno. A Agapito Marazuela le hablaron del átomo en la cárcel de Burgos, esa noche tocó la dulzaina para los presos políticos como si se fuese a morir al amanecer. Joe Heaney cantaba en gaélico con los ojos cerrados la canción de los ausentes y se agarraba a la mano de alguien para no dejarse arrastrar hacia la deriva. Béla Tarr filmó un eclipse de carne y hueso dentro del bar más sórdido del hemisferio norte y para mi fue dios durante once minutos;

János Valuska, fue su profeta, el hijo que renegó de la corona de espinas y de la cruz, y se enamoró de la cosmología. Hilma Af Klint pintaba en un trance luminoso la sombra policromada de extraterrestres, ella fue la primera (a pesar de ellos) en meter la cabeza en el balde turbio de la abstracción. Nick Cave llamó a Warren Ellis en mitad de la noche para decirle que lo más coherente después de haber compuesto "Hollywood", era quedarse callados para siempre. Y a Hatizde Muratova no la conoce nadie. Ella acompañaba a sus abejas en el trance que terminaba desdoblándose en parto y en miel. La txalaparta alguna vez será la voz en off de este viaje.

La hemorragia nasal es uno de los primeros síntomas al desatarse el trance. Un íntimo estado alterado de la conciencia. Y de la herida mana a borbotones la piel muerta de los silogismos. Al principio de todo en la cueva cuando el chamán sangraba por la nariz era porque veía a dios escondiéndose en la contradicción de su propio vacío.

Me daba instrucciones a mí mismo cuando regresaba a la llanura. Y llenaba de círculos el cuaderno y dentro dibujaba el esqueleto delgadísimo del poema. Donde acababan las costillas había dos protuberancias negras que eran presagio de unas alas. Entre el convencimiento y la duda hay un lugar intermedio sin cartografiar. Un espacio salvaje donde enterrar los dogmas. Para adentrarme en la verdad dolorosa del holograma es necesario el trance de esas alas negras. En lo profundo está *"el orden implicado"*, esa totalidad pervive bajo un manto de estrellas polvorientas que ponen a girar los muertos, una y otra vez, cuando ellas olvidan la trayectoria de su órbita subterránea. Necesito de la sinceridad tosca, sin rodeos, del socavón. No voy a poner en cuestión la volatilidad del poema (me digo erizado) porque sin esa ruptura jamás arderá.

El trance me sirve para atravesar con los dedos la porosidad de todos los umbrales y así llegar a la circunferencia. Ellos dicen *"Curva plana y cerrada cuyos puntos son equidistantes de otro situado en su interior, llamado centro"*. Yo la llamo "hogar", el complemento circunstancial del trance.

Biografía de la circunferencia.

Los crómlech y el neolítico. Al principio eran las piedras en círculo. La necrópolis desde la que mirar las estrellas. En el atardecer una yegua daba a luz dentro del crómlech y de la placenta al cordón umbilical ya viajaban los (infra) sonidos que tardarían dos mil años en ser pronunciados. El crómlech y el acelerador de partículas, alfa y omega. Las palabras traerían la forma de abrir en canal al dolor y la belleza.

Y han pasado los días y las noches, y los tarahumara trazan un círculo en el suelo para delimitar el perímetro del trance. El peyote baja por la laringe mientras una serpiente amarilla hace el camino inverso y repta por entre las preguntas sin respuesta que cubiertas de polvo se apilan angustiosas en el hipotálamo.

Las mujeres huastecas hacen un círculo con matas de la cosecha. Dentro de la circunferencia de maíz baila un niño hasta el amanecer. Un granjero de Queensland (Australia) vio algo parecido a un ovni emerger de un pantano. Cuando se acercó allí había una forma circular gigantesca en el suelo y avisó a la policía. Los círculos se extendieron a los cultivos en el sur de Inglaterra. Eran los setenta y a medida que pasaban los meses la técnica de esos círculos en los campos iba perfeccionándose. Ellos dijeron agroglifos, ellos dijeron partículas de aire electrificadas llamadas plasmas y descartaron los platillos volantes. La circunferencia es una forma de representar la totalidad y un lenguaje común que paradójicamente nos arrastra hacia donde se gesta la onda expansiva. Ese símbolo se convierte en colectivo a medida que se traza unívoca por la orografía extraña de todo el planeta.

Y por estos campos viene la circunferencia socavando la piel de la llanura-holograma. Hay vestigios de su silueta en la nieve o en la linde que bordea la prestancia de un camino que no lleva a ninguna parte.

.

.

.

Os estoy esperando al otro lado de la niebla. No tardéis demasiado porque me ladran cada vez más furiosos los perros que viven en mi mano izquierda.

HOLOGRAMA
(segmento 2)

"Lo que percibimos por los sentidos como espacio vacío es, en realidad, una plenitud que es la base para la existencia de todas las cosas, incluyéndonos a nosotros mismos."

David Bohm

El holograma no huele. Y la llanura se pliega simétrica al molde cóncavo del cielo. Las piezas encajan al milímetro. Las nubes se insertan en el lecho seco de los ríos y las piedras, una a una, tienen su agujero en cada hueco dejado por una estrella muerta. La mecánica terrestre es una consecuencia lógica de la mecánica celeste y así sucesivamente...

El descampado y la llanura. Diferencias conceptuales.
Primera. El descampado huele a la descomposición de los árboles que nunca estuvieron allí. La llanura huele a una polaroid saturada de Ansel Adams.
Segunda. En el descampado los charcos albergan los celos retrospectivos de Narciso. En la llanura, Caravaggio pinta sobre la piel del holograma ángeles de uñas sucias y rostros pixelados que no conocen el amor.
Tercera. El descampado es ruido, una estridencia de electrones que colisionan furiosos en el núcleo, y siempre al fondo del encuadre alguien ruge por el hambre. Sin embargo, las líneas rectas de la llanura desembocan en una partitura que dura cuatro minutos y treinta

y tres segundos donde cuelga lívido y amoratado el silencio. Ese muerto átono que flota sosegado en el estruendo.

Mi cuerpo como herramienta para unir lo material con lo intangible. La tierra y sus campos geométricos y en el otro extremo el holograma, en medio mi cuerpo-receptor y transmisor al mismo tiempo. Mi cuerpo como laboratorio experimental de flujo y vibraciones. Mi sudor y mis lágrimas, mis dedos, la epifanía de mi semen y mi sangre cabalgada de argonautas, alimentan la meseta y muerden la realidad fragmentada. Vibra el holograma. Hubo una vez, al comienzo, en un tiempo indeterminado, en él colapsé y aparecí en la vida. La llanura es mi hogar. Mi cuerpo y mi pensamiento han fragmentado el mundo pero dentro de mi hay una huella, aún sin borrar, de la circunferencia. Camino la llanura con la extraña certeza de haber cerrado los ojos para siempre en otras vidas diferentes y haber visto su piel amarillo-cadmio lo último de todo, donde el instante ya es una pieza manufacturada de la eternidad.

Incluso en los días más tristes, la llanura se despliega dentro de mí. Es es una lenta transposición de elementos compositivos y de pájaros asimétricos que se superponen y brillan aleatorios en mi desorden. Una proyección de imágenes desposeídas de significado. Simplemente parpadean dentro de su propio fulgor. Seremos ese plano secuencia mientras la geometría de los campos aprende la implacable lección de la lluvia.

Por este páramo sin fin el "homo ludens" naufraga pero no fracasa. ¿Jugar a qué? Incluso en la muerte jugamos a estarnos quietos, aparentamos complicidad con un silencio nuevo y aterrador; y aún así, bajo los párpados cerrados, refulgen pálidos los dedos del monstruo que debajo de la cama nos acompaña desde el principio en la noche única del invierno.

Christian Boltanski decía que todos llevamos dentro un niño muerto. A medida que pasa el tiempo vamos enterrando la infancia. Boltanski contaba una historia que ilustra esa idea: había una vez una niña que miraba a una bebé recién llegada de la que habían estado hablando tanto sus padres en los últimos meses. Imaginad la escena. A solas con su hermana pequeña, tomarla de la manita y susurrarla al oído *"háblame de dios que estoy empezando a olvidarlo".*

Pues de eso trata este viaje. Mi infancia está enterrada en esta llanura. En esta meseta-holograma, Dios no está. Se ha ido recostando por decisión propia sobre el eje de abscisas de los campos geométricos mientras el invierno va cubriéndolo de nieve, se horizontaliza su ausencia en este vacío policromado. Por eso aquí no hay niños. La nostalgia de la que brotan todas las fiestas de disfraces de la infancia es residual, casi irrelevante. No se escuchan las risas de los críos que se lanzan piedras y se embriagan con la herida limpia en la cabeza del otro, solo se discierne el silencio blanco del mediodía.

.

.

.

.

.

.

.

.

.

La llanura es un jardín difícil, vacío de niños.

MATRIARCADO

"Mi tarea es la circunferencia."
Emily Dickinson

Abuela-memoria, unidad de medida del tiempo creada por
Oteiza. Él decía "80 abuelas vascas y nos ponemos en el crómlech
neolítico". De una bisabuela a su biznieta hay tres abuelas-memoria.

Una abuela-memoria

Dos abuelas-memoria

Y la sangre menstrual que aviva los últimos rescoldos de la poesía.
No vengas a la llanura tú sola, no le cuentes a nadie lo que allí viste.
Se empeñaban en el miedo para que ellas no la caminaran solas.
La niebla siempre fue la madre omnisciente del frío.

Tres abuelas-memoria

Cuatro abuelas-memoria

Y nace con ella la voluntad de las centauras
que a medida que atraviesan veloces el anochecer se van
desprendiendo del lastre angustioso de sus sombras.

La llanura es una matriz escondida en un campo infinito de girasoles.
En su gineceo prenden mínimos todos los relámpagos.

Cinco abuelas-memoria

Seis abuelas-memoria

Y ellas condenadas a lavar la ropa sucia de ellos en los ríos inmaculados. Y es el río el que se mancha del oprobio y de la privación sensorial de una noche de bodas. Ellas estrujan los nervios rugosos del río, acompasan la corriente que se lleva a la deriva las tallas de madera de los que dijeron ser santos.

Pienso la llanura como un matriarcado geométrico donde las líneas confluyen en el vórtice al que ellas vienen a beber y a saberse hacedoras de vida. Mi abuela vivió y lloró el mismo sol y la misma nieve que se desprendía de las cornisas rojas del holograma. Igual que mi madre y vosotras. Mi abuela aprendió a odiar y a querer estos mismos campos desplegados desde el principio. Ella miraba el

mismo atardecer que contemplo yo ahora. La misma idea de infinito con apenas variaciones. La misma manera de percibir unos círculos invisibles en un campo de amapolas: tal vez el rastro equívoco de unos platillos volantes que han pasado la noche
escondidos.

Mi abuela me contaba que a veces se les hacía demasiado tarde trabajando en el campo y se quedaban a dormir allí. No sé si toda la noche, pero prefiero imaginármelo así. Cientos de personas desperezándose en un trigal al amanecer podría ser un plano secuencia de una película de Tarkovski pero en realidad eran los momentos previos de un nuevo día para un puñado de gente que iba a poner a prueba su resistencia bajo un sol tembloroso de verano. Ellas militaban en el expresionismo abstracto sin saberlo. Eran las nodrizas que amamantaban a la llanura y desordenaban los principios de la clase trabajadora, cumpliendo así con la segunda ley de la termodinámica.

Y por más que segaran el trigo, la circunferencia permanecía intacta. Sin rasguños. Es imposible encontrar fisuras en el holograma.

Los campesinos y las campesinas han ido cincelando la llanura durante cientos de años. La han vaciado y la han vuelto a llenar, han ido aislando su vacío, apagando su expresividad y haciéndola receptiva. Es una inmensa "*caja metafísica*" de Oteiza, todavía sin concluir en este otro "noroeste conceptual". Oteiza veía desaparecer a los *bertsolaris* en un mar de olas recitadas, yo veo a las campesinas hundiéndose tristes en el regazo cóncavo de la niebla.

De mi abuela a mí van dos abuelas-memoria. Nos une un intervalo de tiempo donde hemos respirado la misma versión del holograma. Mi madre, mi hermana, mis sobrinas, tú que me desnudas la piel áspera del miedo, todas habéis heredado el sonido del manantial precipitándose imperecedero por vuestro interior y que riega por goteo las paredes antiguas del matriarcado. Esa vibración vuelve cíclica del futuro hacia el pasado y el fuego de las primeras historias.

A ellas las enseñaron a tener un miedo atroz a la tormenta. Decían "nublado", decían pájaros bocabajo en mitad del camino, decían que el caballo del señorito miraba estrábico y resentido, decían campanas que presagiaban la hospitalidad suicida de un tornado. La luz y la tiniebla. El relámpago entrando y saliendo de la pupila de dios y sin embargo podría ser la agonía ascética de una supernova.

Viene por el camino una campesina poliédrica y multidimensional. Tiene once rostros y treinta y cinco contracciones. Ella trae en su regazo la totalidad. Corrijo. Ella es la totalidad. Sus zapatos de esparto hacen un número indeterminado de huellas en la llanura y trazan el sendero de todos los seres vivos que caminarán el planeta.

.

.

.

.

Un meteoro atravesará indeciso la noche perpendicular y gritaremos las últimas palabras de la plegaria salvaje: bienaventuradas las que contemplan / bienaventuradas las que contemplan secuenciarse / bienaventuradas las que contemplan secuenciarse el trance / bienaventuradas las que contemplan secuenciarse el trance en unos ojos castaños / bienaventuradas las que contemplan secuenciarse el trance en unos ojos castaños y memorizan los planos del laberinto un instante antes de la demolición.

POLICROMÍA

La llanura dice a través de los colores. **Se comunica secuencialmente: todo acaba y principia en el invierno.**

Las transiciones que en la llanura están o acaban siendo. Su lenguaje austero de perros negros entre la niebla que siempre conducen a madre. Una lengua muerta que resucita a sus interlocutores, les cuenta el secreto y después los arropa con delicadeza en los márgenes de una cuneta para morir(los) despreocupados y anónimos bajo la áspera sábana de otro invierno.
La lluvia, la mano del que habita el vacío, los animales, el viento indeciso, prefiguran un lienzo abocado a la abstracción.

En el invierno y en el verano la llanura-holograma se encierra en sí misma. Su dolor y su silencio se vuelven nieve o sol abrasador que van apagando su expresividad. La conceptualización del paisaje convierte el diálogo en un monólogo del que lo camina y lo increpa porque no obtiene respuesta. El lenguaje de las líneas se codifica, el brillar sonámbulo de los pájaros se codifica, la concordancia del árbol con el cable de alta tensión se codifica. Han desaparecido las puertas. En el invierno no has dado muestras del pálpito del que estás hecha. Te camino y eres lejanía a este otro lado de las cosas.

Ella permanece quieta. Invierno / Verano. Polaridades de un mismo trance.

Los colores
se apagan y se encienden
con el parpadeo intermitente
de las transiciones cromáticas
la primavera es el punto máximo de expresividad
se hace figurativa
porque ya hubo demasiados días
consagrados a la abstracción. La primavera necesita claridad narrativa
para contar su historia
que la nieve ha ido borrando obsesiva
en los meses anteriores. El otoño es un ciempiés negro que profana el triángulo del fuego.
Los amarillos han colisionado entre sí durante el verano

y no vibran los campos. Ahora vendrán las nubes y de la reacción en cadena quedan unas pocas esquirlas clavadas en los dedos de la ermitaña, la que se licua la sangre con el agua de lluvia.

Abandonar un sanatorio blanco
y salir precipitada a contar los árboles
resaltar las sombras de los pájaros
con un rotulador rojo
en la cartulina negra y mordida que es la noche
encontrar esa una única oveja que sobrevive a una tormenta
mientras las demás afloran sutiles en lo carbonizado.
La primavera describe con minuciosidad a los amantes
que se hierven la sangre recíproca
sobre una siesta de ángeles manchados de semen en el centro
desolado de la canícula.
El desequilibrio es en el otoño y se presagia con el comienzo de las
nieblas,
la inercia vertiginosa de lo que tiende hacia lo profundo y sin
embargo sueña ser Ícaro prendiéndose fuego en lo más alto de la
noche.

El invierno
se apaga en sí mismo y se hace receptivo.
El encierro de los animales y el desnudamiento forzado de los
árboles
se apagan los ocres y los trigales que una vez fueron verdes, el
amarillo se difumina con la niebla,
perderán brillo los ojos celestes de los terneros recién nacidos que
ignoran la importancia decisiva de la sangre.
Se van clausurando los nexos sonoros y cromáticos,
otra vez el gigante se envuelve metódico con las hojas caídas
de un manzano
y es apenas una crisálida malograda.
Va llegando el ayuno y cobran protagonismo las manos quietas de
la ermitaña.

Abolidos los colores
Malevich
en su tumba
enterrado
bocabajo como él había pedido que lo enterraran
no se ha movido ni un milímetro en todo este tiempo
sin querer mirar al sol
reivindica el silencio como la única forma honesta de poesía.

Ahora que llega el blanco sin matices del invierno
un intento desesperado de abstracción
crece hacia adentro
hasta llegar al vacío y al círculo de piedras antiguas
donde
el cero absoluto palpita ajeno
a la energía cinética
que desprenden los cuerpos entregados al frenesí.
.

Déjalos arder en esa tierra de nadie que se extiende entre tu
cerebro y el trance.

TOPOGRAFÍA ÚLTIMA. LA CUEVA INVERSA

"Hay idas y regresos en el paisaje."
Jorge Oteiza

Mi cuerpo es una extensión vulnerable del paisaje. El elemento humano dentro de la abstracción compositiva de la lluvia y la luz hace que cobre sentido por un instante lo que andaba buscando. Después lo pierdo, se me escapa de entre las manos. Proteo vuelve a reinar sobre los cuerpos indecisos (mientras la nieve lo hace sobre la angustia).

Habito mi cuerpo y comprendo los mecanismos rudimentarios del paisaje.
Mis dedos raíz
ahondan
mi resuello
deshidratado
en dos mitades con cuchillo de carnicero
mi sangre mi piel y el punto de fuga palpita —el tríptico de la resurrección de la carne—
frío, mucho frío
conmigo
traído del bulbo raquídeo de otro que no tiene por qué ser humano
desvistiéndome

para
la violencia del invierno:
quiero ser honesto con la tercera persona que habita el sótano de
los plurales.
Increpo a nadie por la
ausencia de árboles.
Pinto de negro el encuadre
y espero sentado el milagro
de dios con su rebaño de ovnis oxidados.

Me cubro
con la cortina negra
las sales de plata y el magnesio hacen su trabajo
hago "click"
y los campos
permanecerán inmóviles
en la retina cansada de los muertos.

El primer viaje hacia el paisaje dolió por lo aterrador de su silencio.
La llanura era geometría muerta. No había nada que contemplar. Y

mis brazos y mis piernas pesaban demasiado. Recuerdo salir a oscuras a la llanura y presenciar como una noche caía idéntica sobre la anterior y todas desplazaban el horizonte de sucesos de un agujero negro sobre la piel agrietada del universo.

Idas y venidas. Muy despacio acontecía el incendio accidental del lenguaje. Esas palabras ya no servían, había que inventarse nuevos sintagmas, nuevas piedras afiladas, untadas en ocre, con las que dibujar a una cierva menstruar en la pared-poema de la cueva inversa.

Idas y venidas. Trayendo tan poco a veces. Una idea podía cambiarlo todo pero la mecha no prendía entre el relente eyaculado de los astros. No me hablaban los pájaros. No me acariciaba pudorosa la niebla. Me sentía el impostor que vuelve a la escena del crimen, blandiendo un cuchillo que ignora la coreografía roja de la herida.

Idas y venidas. Mi cuaderno estaba vacío y sin embargo los pies mojados y felices por el iceberg de palabras-diluvio. Nunca pensé que intentaría esquematizar el silencio. Mi cuerpo dolorido ha ido recontando durante todo este tiempo las líneas infinitas que convergen en un punto indeterminado del laberinto.

Idas y venidas. Y empecé a soñar la llanura todas las noches. La fase REM era mi trance cronometrado, el 25% del ciclo del sueño donde mis ojos se movían rápidos bajo los párpados. La frecuencia cardíaca y respiratoria irregular. La fase de la noche de la erección del pene y del clítoris, de las explosiones de actividad eléctrica que hacen arder el imperativo categórico y su bosque ocre de tótems. Sueño desincronizado. Nos pasa a los mamíferos y también a las golondrinas. Habéis escuchado bien, a las golondrinas. Y la llanura se me quemaba todas las noches en un inmenso sueño húmedo y paradójico pero al día siguiente todo volvía a estar en su sitio. Otra vez esa totalidad no fragmentada llena de pájaros.

De la dualidad del yo y del mundo brota el trance.
De esa colisión emergen nuevas formas de poesía. Camino la llanura. Acaricio la tierra y puedo sentir el discurso eterno del agua y su genealogía subterránea. La cencellada levita sobre la superficie lisa del holograma y la interiorizo en el laberinto que vibra minúsculo

dentro de mi. Tal vez no consista en huir hacia el centro o hacia afuera. Tal vez solo importe hacerse partícipe de la materialidad de sus muros, una delicada estrategia de contención y ser Minotauro al margen de la tragedia rota de todos los héroes.

Ser (el) laberinto.

La hemorragia nasal servirá de rastro para entrar y salir un número ilimitado de veces. De mi nariz cae la sangre que fecundará a la totalidad. La escritura es un estado alterado de la conciencia donde los derviches ya no bailan para dios y se golpean la cabeza contra las paredes enfoscadas de su propia angustia. La sangre como lenguaje de las últimas preguntas.

Del rozamiento de mi cuerpo con el mundo brillan las incandescencias que se apagan y se encienden intermitentes sobre la noche extraviada. Es un fenómeno físico que se puede contemplar a simple vista. Son dos entidades desiguales que chocan, a veces fluctúan, se embelesan recíprocas, se aligeran, otras veces se arañan y se lastiman, se necrosan impacientes y vuelven magulladas al sueño intrauterino, se vierten la una sobre la otra y emerge el trance.

**El cielo y la tierra, la meseta y la cueva inversa,
en la dualidad escribo.**

Los contrarios se contrarrestan, ejercen una fuerza invisible que acaba llevando a una tierra de nadie a las palabras. Los mártires apilan su éxtasis rojo en el centro de la circunferencia y se echan a dormir exhaustos. Mientras duermen empañan los espejos para desdecir a la muerte en la noche sola del desierto. Así interactúan los electrones en el reino de lo minúsculo. Cuando uno se inflama de una luz sobrecogedora aparece otro y la apaga. La materia se amamanta de lo que permanece vacío y la llanura es su recipiente policromado donde tiembla adolescente el dolor. ¿Quién encendió el primer fuego que desembocó en el trance? ¿Qué fue lo que se lloró cuando en el amor quedó abolida la sincronía?

No existe la muerte. Lo que nace cuando acabe muriendo volverá limpio a la totalidad. Apenas habrá sido un intervalo.

Lo raro es la vida.

A veces pienso que hubiese sido más fácil querer a una montaña imaginada en el centro de la meseta. Un volcán de un solo ojo. Varios miles de metros vomitando respuestas con la cadencia de los ciclos geológicos y su belleza directa, incontestable, concisa. Es un discurso sencillo y salvaje. Miro la montaña y es otra forma de mirar, apasionante pero radicalmente distinta. Mis raíces beben de la estética contenida de lo que ha decidido vivir y morir en el ser horizontal. Rehuir de la complejidad cuando miro es un acto reflejo que explica muchas cosas y que estoy tratando de doblegar. Me esfuerzo, pongo todo mi empeño. Estos campos geométricos son de todo menos sencillos. Requieren tiempo y dolor. Requieren disciplina y no cansarse nunca de mirar.

Una vez me subí a un globo aerostático. Igual que el poema-imagen que he ido escribiendo, la llanura tenía que ser mirada desde otra perspectiva. Fue un día de verano. Bordeamos el holograma que se desplegaba, pieza a pieza, trescientos metros hacia abajo. Una réplica íntima de lo que estábamos viendo se elevaba en el desierto visual que se extiende entre la pupila y el cristalino. Un mundo por cada forma de mirar. Una narración que contenía pájaros, un quemador y una llama que tendía al azul, aire caliente y después una calma inexplicada ahí arriba. Cuando se apagaba la llama, recuerdo adueñarse de todo al silencio. Ese día mi padre estaba muy feliz. Y mi hermana y yo sonreíamos. El principio de los fluidos de Arquímedes era lo que nos hacía volar. La llanura vibraba en amarillo cadmio. No había apenas matices. Ese color por lo visto lo descubrió un tipo que se apellidaba Stromeyer. Esos pigmentos contienen, a salvo de impurezas, el dolor de encerrarse en uno mismo cuando el lenguaje ha dejado de servir.

Los cimientos de la ciudad son frágiles. A pesar del asfalto y el ruido, abajo siempre reina la llanura. La llanura también era el cielo y las carreteras comarcales, eran los campanarios y el destello invisible

de una gasolinera, era el sol agarrándose como podía a los precipi-
cios ínfimos del valle, era el trigal donde íbamos a aterrizar.

Han ido pasando las semanas. Otra vez el tren. La estación vacía.
El miedo instalado en los rostros de la gente.
Dejaba la mochila al llegar y salía como un loco a caminarla y
ponía todo de mi parte para refundar (mi) espacio simbólico de
recogimiento. Aunque a veces no era suficiente.
Y cuando anochecía me inventaba a la ermitaña viviendo en un
agujero excavado de un talud las mil formas de la soledad.
Su renuncia era una forma salvaje de sacrificio por los demás. Ella
se quedaba en silencio
para que nosotras pudiéramos inaugurar un lenguaje limpio
e inocente, del que ya no cuelguen animales muertos de cada
significado.
Me he inventado a la ermitaña
que ordeñaba la piel antigua de las culebras
para no volverme loco
en esta Arcadia labrada de páramos.

.

.

.

.

.

.

.

.

.

.

Y Dios con su rebaño de ovnis oxidados desaprovechó en su rega-
zo la estela iridiscente del milagro.

INVIERNO

"De la noche del Laberinto escapa el escultor Dédalo con una circunferencia."
Jorge Oteiza

"No se entra en la verdad sin haber pasado a través de la propia destrucción."
Simone Weil

"Del Vacío al Vacío
Un Camino Sin Hilo
Que recorro con pies Mecánicos."
Emily Dickinson

Latencia. 1. f. Cualidad o condición de latente. 2. f. Biol. Tiempo que transcurre entre un estímulo y la respuesta que produce (...)

La latencia del invierno nunca es cero. El invierno emite un sonido antiguo, siempre es el mismo, desde muy lejos, a años luz de lo blanco derramado sobre la tierra. Nuestros oídos lo escuchan demasiado tarde. Ese sonido del principio es el eco que se ha ido atenuando desde el primer invierno hasta el último, la resonancia de la nieve cayendo muda sobre un rebaño de ovejas que late unánime y que es el chirriar de la sangre que se resiste a brotar por el reino de lo inmaculado.

El invierno guarda todos los sonidos desde el principio. El meteoro cayendo sobre los suelos helados y solitarios. El respirar de los helechos dormidos por la arquitectura delicada de las arañas. Las huellas de los gigantes. El crepitar de la yesca cuando se acabó la paciencia con un rey dormido. Los bailes de los campesinos al terminar la siega. El grito de la miliciana al parir entre los vacíos polvorientos cuando la hora del ángelus se volvió roja y negra.

.

El invierno es una circunferencia, decía Oteiza. El invierno dice él con la comisura de los labios partida por la insistencia maniática de las olas, el invierno dice ella amamantándose a sí misma, el invierno dice la niña que martiriza al gato en busca de la verdad, el invierno dice el gato con la vida arrebatada, el invierno dice la niebla que brilla bielorrusa, el invierno dice la caja torácica de una ballena varada en un trigal.

La vida no es narrativa. No hay planos secuencia que testimonien la intimidad del sufrimiento y del goce. El narrador omnisciente flota bocabajo en el fondo de la metáfora inundada. Plantamos una cronología (otra vez) bajo la tierra negra del holograma y esperamos a que crezca en ese barro una historia breve o larga, sublime o terrible, eso da igual, lo único que importa es que nos ayude a sobrellevar este absurdo hermoso y deslumbrante.

Estas frases estaban destinadas a ser las últimas y con ellas quise subvertir mi cronología, y sin embargo he continuado escribiendo. He subido todo lo arriba que he podido para encender la pirotecnia del final de todos los finales pero me ha salido un final humilde, escuálido, casi invisible, cubierto de nieve y que no es ni siquiera una forma digna de terminar. Y por eso sigo amarrado a las palabras.

De este final al siguiente median unas pocas páginas mientras amarrado sigo a la escritura de las intermitencias. Entro una y otra vez en la casa abarrotada de astillas y me empeño en nombrar el fondo inalterable de las cosas, mientras en mi regazo la palabra balbucea, moquea, está pariendo inusitada un delirio.

Dicen los cosmólogos que hubo una vez justo después del Big Bang cuando ningún punto del espacio estaba conectado con los otros. La llanura sola, desconectada del holograma. Un lugar vacío sin causalidad donde los silencios eran la íntima sepultura de los árboles que dejaron premeditados de respirar.

La palabra

"invierno"

en la mitad

de una página en blanco

multiplica   la orfandad.

84#

He vuelto empapado por la lluvia y otra vez traigo los pies congelados. He estado mirando al cielo toda la mañana y no ha pasado nada. El misterio de la luz y su forma aristocrática de comportarse ¿Onda y partícula? Es un silencio esquivo que viaja displicente por entre las rendijas de un laboratorio centroeuropeo. Pero la luz del invierno se comporta de otra manera. Durante el frío es artesana y obrera, y a pesar de la tiranía de las noches más largas, trabaja muy despacio, brilla más lenta y en el cociente de sus vacíos que determinan su índice de refracción[2], palpita un incendio extraño. Ella trabaja entre ruidos y máquinas grasientas, entre el sudor y la precariedad, la rabia y la fruición, una lluvia de martillos negros, dedos amoratados y cócteles molotov. Al final de la jornada, medio muerta, consigue que la llanura por fin encaje milimétrica en la carcasa infinita del holograma. Una vez hecho el trabajo, llega la calma. Los animales se preparan para el sueño y los espejismos vuelven a ser anudados en la barandilla todavía caliente del atardecer. **Es la luz metalúrgica del invierno**.

[2] poema en régimen de aislamiento: Se denomina índice de refracción al cociente de la velocidad de la luz en el vacío y la velocidad de la luz en el medio cuyo índice se calcula (agua, vidrio...). Wikipedia

La música del invierno. Somos seres musicales. La respiración, el pestañeo, el caudal oscuro de la sangre. Las mitocondrias bailarán en círculo hasta que la muerte decida que ya no es necesario. ¿Y si la música que hemos creado se sustentase en un error de cálculo? ¿Y si Bach estaba equivocado y la única música para la trascendencia fuera la del invierno?

¿Cómo se rompe la barrera del sonido? ¿Con una mano? ¿Con las dos? ¿En el cielo o apuntando con una vara de zahorí hacia la ceguera congénita de la hormiga reina?

El invierno palpita en una frecuencia de onda diferente. Pero hay intervalos mínimos donde se puede escuchar su crujir, su deslizarse delicado por la superficie lisa del holograma. Entra y sale de una dimensión a otra y justo en esa transición se escucha el triste acoplamiento. No sabría decir exactamente como suena. Tal vez un "crack" o un "click", pero a ese crujir hay que añadirle la tristeza sin argumentos de lo que viaja hacia la deriva.

La llanura es un mecanismo que sirve para secuenciar distintos inviernos y que siempre parezca el mismo, el primero, el que puso en marcha la cuenta atrás. **La circunferencia es la transcripción de**

los movimientos del invierno por el espacio-tiempo. Y duele ese jeroglífico indescifrable. El invierno suena. Puede ser una sola vez, un instante en una vida entera o que se instale en tu oído izquierdo como un débil pitido intermitente. El invierno duele. Su belleza es la primera piedra puesta en esta mampostería helada, pero también la última y por eso la memoria sutil de las cicatrices. El invierno respira. El invierno, aunque parezca lo contrario, quiere ser misericordioso con los seres que lo atraviesan. Está construido con las respiraciones entrecortadas de los seres que nacen y mueren y que no lo comprenden pero que lo veneran. El invierno es una galerna quieta que no quiere hacer daño a nadie, pero a veces no sabe qué hacer con toda esa violencia.

¿Se puede calcular la frecuencia de onda en la que cruje el invierno? Algo tiene que ver con medir el tiempo que transcurre entre dos crestas de la onda y luego medir la frecuencia de ese sonido, contar las sílabas: in-vier-no con los dedos de una mano y con la otra acariciar a los perros negros que salen de lo más profundo de un pinar inexpugnable con restos del holograma entre los dientes.

No hay trance sin vibración.

Ensayo y error en el rozamiento de los inviernos con el holograma. Erigir un dolmen alrededor de la angustia de dios-madre o inventar la teoría de cuerdas son respuestas, una más elaborada que la otra, pero que no dejan de ser hijas del mismo miedo, un pobre balbuceo en lo más hondo de la cueva. Vibran las dimensiones y alguien que se parece mucho a Rothko pinta un rectángulo en la pared infinita del invierno. Un meteoro se entierra cada amanecer bajo el horizonte y el amarillo queda malherido por el martirio azul de los truenos, el rojo se vierte desmesurado en el verde que no logra contener la hemorragia y muere. Me desdigo y vuelvo a contar las sílabas.
-in
-vier
-no

"Satori" dicen los japoneses cuando la no mente, la presencia total. Y el invierno podría ser ese espacio repleto de energía oscura aún sin explicar.

(h)UTS uts uts uts uts uts uts uts

Nunca estamos preparados para el invierno. No me canso de mirar la nieve. Mi escritura se vuelve menos narrativa. La poesía asomándose por entre los dedos es el primer síntoma de congelación. Al principio, piel fría, cosquilleo. Antes de que todo acabe, volveré al círculo de piedras en la hierba. Mis frases buscan la desconexión de unas con otras. Entumecimiento. Espirales en la piel color ceniza. Si el invierno suena, la nieve es su silencio congelado. Tiritar. Relajarse y volver a tiritar. Un poema fractal que contiene intactas dos reliquias:

una muela cariada de una santa
y
una probeta humeante con el odio gaseoso de un futurista.

De Oteiza aprendí la palabra "Uts". 'Vacío' en euskera. Esa lengua hermosa que sobrevive a todos los desiertos. "Uts" sin la hache sorda para que entren sin ataduras la luz y su hambre atávico de comprender las cosas. Jon Cazenave me enseñó la etimología de esa ausencia declinada en las paredes de su país verde. El friso de los apóstoles como aparición brevísima en mitad de ninguna parte. En esa nada cabe la meseta entera, la cencellada de todos los poliedros irregulares de los que está hecha Castilla. Los amarillos y los ocres que Cuadrado Lomas trascendía de sus óleos al horizonte de sucesos del holograma. Los palomares que se derrumbaban y volvían a crecer intactos de entre las flores, y donde las sombras de sus palomas huérfanas se iban adueñando de la idea platónica de un invierno muriéndose en lo más hondo de la caverna. Cuando dices "Uts" la mandíbula inferior apenas interfiere con la superior, los dientes dejan el protagonismo a la lengua y su participación en grado de tentativa en la soledad fragmentada de los otros; y no dices nada, apenas un gesto imperceptible, una realidad de segundo rango, un equilibrio tan precario que los significados que permanecían atados a las palabras se van soltando, uno a uno, y se elevan luminosos en la noche descontextualizada.

uts   uts   uts

uts uts   uts

    uts uts   uts

uts   uts

  uts uts uts uts   uts

uts uts uts   uts   uts uts

uts uts   uts uts uts uts

uts uts uts uts uts   uts uts

 uts uts uts uts

uts uts uts uts uts uts uts

uts uts uts uts uts uts uts

uts   uts uts uts

uts uts uts uts uts uts uts uts uts

uts uts uts uts uts uts uts uts uts uts

uts uts uts uts uts uts uts uts uts uts uts uts uts uts uts uts

uts uts uts uts uts uts uts uts uts uts uts uts uts uts uts uts

uts uts uts uts uts uts uts uts uts uts uts uts uts uts uts uts

Érase un dedo anónimo y subterráneo que subrayaba meticuloso la silueta agrícola de los muertos.

Y escribo sobre mi carne
las contradicciones del tiempo.

En mi paisaje conceptual solo existe el aprendizaje. Y ahora es donde llegamos al momento decisivo de ralentizar el tiempo, mi propio cuerpo y la forma de relacionarme con la realidad. Es necesaria la calma. Necesito contemplar el sedimento para estudiar sus desvelos y esculpir la grieta que resquebraje el edificio. La llanura es un paisaje experiencial de una lentitud sobrecogedora. He visto a los animales golpearse a cámara lenta contra el relente y las paredes de la noche rígida. He visto arder un frontón en el corazón de la llanura a pesar de la persistencia aterradora del diluvio.

Una forma de terminar es irrelevante, pero necesito una. Hay que esperar mucho tiempo, pongamos que un billón de años. Elijo este lugar: la llanura vertiéndose solitaria por este armazón cóncavo de segmentos ocres y amarillos. Las estrellas se encenderán y se apagarán en una narración incomprensible preñada con todos los desenlaces posibles. Me sentaré a esperar. Tarde o temprano se obrará el no milagro en este desierto policromado y se cumplirá, punto por punto, el teorema de la recurrencia de Poincaré, y un piano aparecerá, ante mis ojos, solícito de la nada.

Tengo que construir un final aunque la llanura no lo tenga. Lo sé, me contradigo cuando escribo sobre lo infinito. ¿Es posible vivir sin límites visuales y mentales? ¿Y sin la brutalidad del arado que se empeña en fragmentar la totalidad? Necesito recontar las palabras y los párrafos, escindir unos significados de otros, deslindar lo que puede servir de lo que no. No quiero trabajar en la fragmentación, no quiero caer en la manía del entomólogo por adjetivar la muerte y olvidarme del verbo que todo lo sostiene. A mi poema le salen arañas por la boca y eso no es una buena señal. Pero a pesar de esta narración fallida, siempre como un leve ruido de fondo es el vibrar del holograma sobre la tierra labrada, como un inmenso lobo recostado sobre sus patas delanteras que apenas entreabre los ojos cuando cobra vida la cierva pintada en la pared de la cueva.

El último viaje está por escribirse. Porque se han ido sucediendo los colores y la carne extraviada, la forma áspera de respirar. Se han marchado todos, apenas quedan las luces y mi propensión por la melancolía como forma de profanar los espejos. Por ponerle un final a la llanura: un túnel que comunica un paisaje lacustre con una central nuclear abandonada que solo existe en mi pensamiento y cuyos muros de feldespato negro terminan a los pies de la montaña inservible de palabras.

Los puentes, las escaleras que no van a ninguna parte, las paredes duplicadas, los pasadizos, los paneles eléctricos cortocircuitados, lo doméstico y lo íntimo agujereados por la lengua áspera de los transeúntes... ¿dónde habéis estado todo este tiempo? Me muevo indeciso en los umbrales.

Acordaos de que no hace mucho os hablaba de un equilibrio precario. Si quito la palabra-arbotante que todo lo sostiene, se desploma mi frágil arquitectura rupestre. Parece un final pero en realidad no lo es, solo es mi íntimo edificio en ruinas en el centro de la circunferencia. Nunca pierdo la oportunidad de confesar que tengo miedo. Forma parte del viaje. Pero a pesar de todo siempre permanece la llanura. Llegará el momento en que se resquebrajen las piedras que una vez fueron palabras y que aún llevo a cuestas. Es cuestión de tiempo que vuelva al silencio

y se hunda el suelo bajo mis pies y

caiga

en el territorio limítrofe

donde

el poema (ya) es desarraigo.

.

.

.

.

.

.

.

.

"El lenguaje solo vive del silencio: todo cuanto arrojamos a los demás germinó en ese gran país que no nos abandona."

Merleau - Ponty

ÍNDICE